I0155084

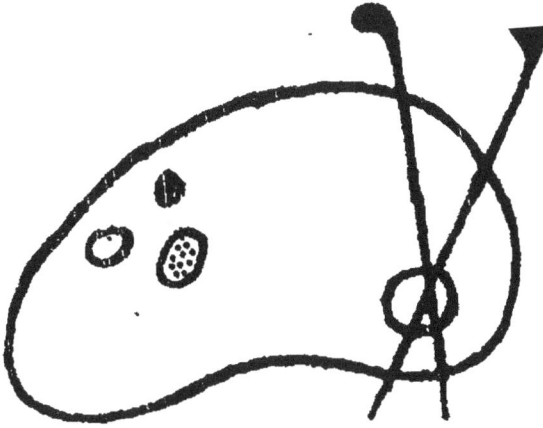

Début d'une série de documents
en couleur

R
291

SUR LA

DESTINÉE NATURELLE

DE L'HOMME

Par M. P. SOULLIÉ: Docteur ès-lettres.

IMPRIMERIE COOPÉRATIVE DE REIMS

(Par dél. : N. Monce)

24, RUE PLUCHE, 24

1881

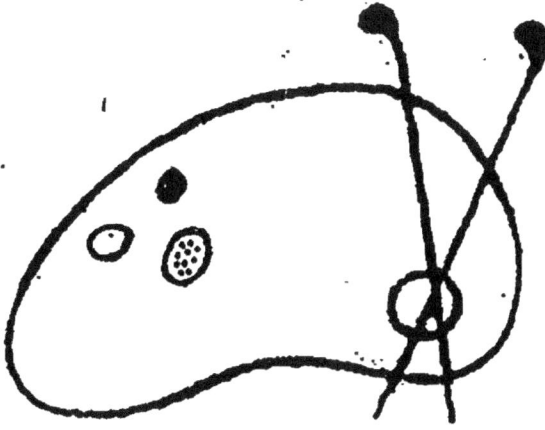

Fin d'une série de documents
en couleur

8° R.
10 01

SUR LA

DESTINÉE NATURELLE

DE L'HOMME

Par M. P. SOULLIÉ; Docteur ès-lettres.

IMPRIMERIE COOPÉRATIVE DE REIMS

(Par dél. : N, Monce)

24, RUE PLUCHE, 24

1881

DESTINÉE NATURELLE DE L'HOMME

L'homme, passant quelques années sur la terre pour en disparaître à jamais, a besoin de savoir, dans ce court passage, le terme où il tend, c'est-à-dire sa destinée et les moyens d'y parvenir.

Mais, formé de corps et d'âme, il faut d'abord qu'il entretienne la vie qui les unit si étroitement, et qui tient elle-même à une foule de conditions extérieures.

Dans sa faible enfance il ne pourrait se procurer ce qui lui est nécessaire ; la Providence y a pourvu en le faisant naître au sein de la famille, et celle-ci à son tour s'appuie sur la société civile qui elle-même a besoin d'une religion.

L'homme naît donc dans trois sociétés indispensables à sa vie et à son développement, en même temps que par ses organes et ses besoins il est en rapport avec toute la nature physique.

Mais enfin ces trois sociétés ne sont pour lui que des moyens d'exercer ses facultés, et d'arriver à sa fin quand il l'aura connue.

Or, de même qu'il reçoit d'elles et de la nature de quoi entretenir son existence corporelle, il en reçoit aussi les lumières qui doivent le diriger dans sa vie morale et le faire parvenir à sa destinée.

Ces lumières lui sont en effet fournies par la triple tradition, domestique, civile et religieuse, plus encore que par l'usage de ses facultés naturelles et l'expérience du monde matériel.

Ajoutons à cela que par sa liberté morale il peut et doit contrôler jusqu'à un certain point cet enseignement des trois sociétés et de l'expérience, et en tirer parti pour atteindre sa fin.

Mais ici le problème se complique encore ; car il s'en faut bien que ces traditions et cette expérience soient partout et toujours uniformes, infaillibles et salutaires.

Il y a en effet des familles désordonnées, des sociétés corrompues et corruptrices, et de fausses religions dont il subira l'influence désastreuse, et qui obscurciront la vérité ou altèreront la droiture naturelle de sa conscience.

Et pourtant il faut qu'il y ait en général une doctrine saine et universelle qu'il puisse connaître et pratiquer, aidé des lumières de sa raison, et qui dirige et soutienne sa liberté.

Il en est ainsi en effet par les soins de la Providence qui veille à la fois sur les trois sociétés nécessaires et sur la vie et la destinée de chacun de nous. Chacun doit et peut, plus ou moins sans doute, mais suffisamment, connaître et faire le bien, ou en d'autres termes parvenir à sa fin.

Mais, je le répète, les deux principaux agents de cette connaissance et de cette pratique du bien sont, d'une part, la tradition générale, et de l'autre, la liberté morale, bien plus que la recherche philosophique de la vérité à laquelle bien peu pourraient se livrer, et qui ne suffirait à personne.

En effet, c'est un fait acquis par l'expérience séculaire de l'humanité, que jamais aucun homme n'a pu par lui-même connaître assez, pour se diriger et faire toujours le bien, ni sa nature, ni son origine, ni sa destinée; sans compter qu'aucun homme n'est né et n'a vécu en dehors de ces trois sociétés, de leur tradition et de leur influence, et que beaucoup au contraire ont bien vécu en la suivant sans la contrôler.

L'influence dominante de cette triple éducation, n'empêche pas que notre destinée ne soit surtout le résultat de l'usage de notre liberté morale, et que chacun ne soit, en définitive, l'auteur principal de son état final.

Enfin cette tradition, quoique souvent fautive et altérée, n'en est pas moins généralement bonne et salutaire, et d'ailleurs il est possible à la science de s'en rendre compte et de la contrôler au point de vue historique et philosophique, quoique ce contrôle soit difficile et l'apanage d'un bien petit nombre.

Mais enfin ce contrôle est fait, et c'est d'après lui que nous allons exposer la nature et la destinée de l'homme en suivant les lumières de la raison et de la foi toujours unies.

Il faut bien, en effet, qu'il y ait un accord de la saine tradition et de la saine raison sur toutes les grandes questions qui intéressent l'humanité, et pour le salut de chacun et pour la justification de la Providence. Et il faut que cet accord soit assez lumineux pour éclairer tout homme de bonne volonté.

Dieu n'y a pas manqué, et le simple exposé de la vraie philosophie et de la doctrine chrétienne, qui se soutiennent mutuellement, sera toujours la meilleure manière de convaincre les esprits et de persuader les cœurs droits.

Nous n'entrerons donc que fort peu dans des controverses sans fin qui embrouillent les questions sans réduire jamais les objections au silence, d'autant plus que si la vérité est lumineuse par elle-même, jamais pourtant on ne pourra éclaircir tous les doutes. Il faut en effet pour la foi, et même pour la doctrine de l'ordre moral, faire une part à la bonne volonté : il y faut une disposition morale qui fasse accepter et aimer la vérité, et comme il est impossible de la donner aux lecteurs, on doit la leur supposer et se contenter d'être exact, sans prouver tout ce qu'on avance.

Bien des choses sont d'une façon qui semblent pouvoir être autrement ; mais, dès quelles sont

certaines et averées, il serait puéril de se tuer
à imaginer ce qu'elles auraient pu être dans
d'autres conditions.

La destinée de l'homme dépend surtout de sa
nature, qui est à la fois corporelle et spirituelle.
Mais le corps n'étant que le serviteur de l'âme,
nous nous étendrons peu sur ce point étranger
d'ailleurs à nos études, et nous ne parlerons
guère que de ses rapports avec l'âme.

Notre corps, comme formé d'atomes matériels
innombrables, est soumis aux lois de la pesanteur et aux autres lois de la physique, comme la
lumière, la chaleur et l'électricité.

Mais c'est un corps organisé et vivant comme
les végétaux, c'est-à-dire formant un système et
remplissant des fonctions diverses par des
appareils distincts, et accomplissant une évolution complète dans le temps par ses rapports
avec toute la nature.

Il a donc comme eux des organes et des fonctions de respiration, de nutrition, de génération,
de sécrétion, et en un mot, un système de vie
végétative dont les trois centres sont la poitrine,
le cœur et l'estomac.

Il est de plus animé, sensible et mobile comme
les animaux, c'est-à-dire qu'il a des sens qui
le mettent dans des rapports nouveaux avec la
nature, perceptions, sensations, actions, et des
membres qui lui permettent de se transporter
en divers lieux, de prendre, de manier, trans-
former, détruire et manger les objets qui lui
conviennent.

A ce point de vue, l'homme peut être considéré comme le plus parfait des animaux. S'il leur ressemble par l'ensemble de ses organes et de ses fonctions et par sa structure intérieure, il leur est bien supérieur par la perfection de sa main, sa station droite, le volume et le poids relatif de son cerveau, la beauté de sa face, la délicatesse de ses sens et de sa peau, la noblesse de son allure et de tous ses mouvements.

Ce n'est pas tout ; il possède seul le langage articulé, expression de sa pensée, qui le met en relation avec ses semblables, et par l'écriture avec les hommes de tous les temps et de tous les pays ; c'est tout à la fois le moyen le plus merveilleux de sociabilité et de progrès.

Tout son corps exprime un être intelligent, doux, noble, né pour commander et pour agir. Tout chez lui doit être expressif, et voilà pourquoi il n'a point de poils, comme les quadrupèdes et les quadrumanes, qui ont quelque chose de grossier, et qui ne servent chez lui qu'à voiler un crâne sans expression et des organes dont il rougit malgré lui.

Il y a dans notre corps trois systèmes correspondant à ses trois vies végétative, animale et humaine, ayant leur place, leurs organes et leurs fonctions propres, leur centre et leurs pôles.

La vie végétative a pour centre l'estomac, et pour pôle supérieur la bouche intérieure, et pour l'inférieur le ventre et les appareils génitaux ou excréteurs. C'est la plus basse.

La vie animale a pour centre le cœur, pour

pôle supérieur la bouche extérieure, et pour autre pôle les deux pieds comme appareils locomoteurs.

La vie humaine a pour centre l'appareil du langage, bouche, gorge et poitrine, pour pôle supérieur, les sens intellectuels de la vue et de l'ouïe, et pour pôle inférieur les deux mains, organes d'actions et de mouvements si variés.

A un autre point de vue, le corps est fondé sur des os reliés entre eux par des tendons et des muscles ; il renferme des organes intérieurs de respiration, de nutrition et de circulation du sang et des appareils nerveux ; il est surmonté de la tête, siège de quatre sens ; il est flanqué de quatre membres, organes d'action et de loco-motion ; enfin, il est enveloppé du double tissu du derme et de l'épiderme formant la peau.

On peut aussi considérer le corps au point de vue de l'unité et de la duplicité des organes : les organes uniques, comme le nez, la bouche, le cœur, le ventre, répondant à l'unité de l'individu ; et les organes doubles, comme les oreilles, les yeux, les poumons, les mains et les pieds, à ses rapports avec ses semblables et la nature.

Il y aurait aussi beaucoup à dire sur la poi-trine, les mains et surtout le visage comme exprimant l'âme, ses facultés, ses sentiments, ses habitudes. Les yeux marquent l'état actuel, et la bouche l'état habituel de cette âme, ou le caractère.

Enfin on pourrait remarquer comment toutes les parties forment un ensemble harmonieux sous le rapport de la beauté, surtout pour la partie supérieure du corps, plus particulièrement symétrique et expressive.

Cependant, ce corps si parfait est sujet, comme celui des animaux, aux besoins provenant de la nutrition et de la respiration, et de plus doit être protégé contre les intempéries de l'air; d'où les soins de la nourriture, du vêtement et du logement.

Comme tous les autres, il est soumis à l'évolution plus ou moins longue et plus ou moins complète de la vie, depuis la naissance, l'accroissement jusqu'à la mort; et en outre il est exposé, plus même que les autres, aux maladies, suites fréquentes des abus et des excès de la passion, et même aux guerres, aux pestes et aux famines qui emportent les hommes par milliers.

On ne peut nier l'influence mutuelle du corps sur l'âme et de l'âme sur le corps. Elle éclate surtout par la différence des sexes, au point que tout en maintenant l'identité essentielle de nature et de destinée, ils établissent une distinction notable pour l'âme comme pour le corps.

Mais la philosophie, occupée des principes généraux, ne peut ici que constater cette différence en passant, et sans entrer dans des détails qui regardent plutôt les moralistes et les médecins. Il en est de même des âges, des races et des diverses professions.

Rentrons dans notre sujet, qui est l'âme, sa nature et sa destinée. La nature de l'âme est déterminée par ses trois grandes facultés d'intelligence, de sensibilité et de volonté que l'on trouve ébauchées dans les animaux, mais qui ont dans l'homme leur cachet propre.

L'homme seul a une intelligence raisonnable, une sensibilité affective et une volonté libre : la raison, l'amour et la liberté, voilà donc l'essence de l'homme ou l'homme même. Exposons rapidement le caractère propre de ces trois qualités.

La raison, secondée par la perception extérieure, l'attention, la mémoire, l'imagination et d'autres facultés secondaires, est la faculté de percevoir l'absolu, l'universel, l'infini, le nécessaire, à propos du relatif, du particulier, du fini et du contingent.

Plus ou moins développée, elle est commune à tous les hommes, excepté aux idiots par défaut des organes ou de réflexion, et aux fous chez lesquels elle est faussée, obscurcie ou altérée; il en est de même dans le sommeil, l'ivresse, et certains états de passion et d'exaltation passagère.

Le premier usage de la raison, c'est la perception immédiate de certaines idées générales et universelles, comme les idées de substance, de cause, de temps, d'espace, d'ordre, d'infini, de beau, de bien, qui ne sont pas données par les sens, mais que l'intelligence forme ou voit à propos des perceptions extérieures ou intimes.

Le second pas de la raison est de dégager des faits particuliers des vérités nécessaires et absolues par une généralisation de ces rapports intuitifs, qui ressemble à une réminiscence et à une révélation, tant elle est spontanée, évidente et impérieuse; comme celles-ci : toute qualité est dans une substance; tout ce qui commence a une cause ; le bien doit être fait ; le mal doit être évité. Or, que les hommes expriment ou non ces vérités, ils ne les en ont pas moins dans l'esprit et les appliquent tous incessamment.

La troisième démarche de la raison consiste à coordonner ces principes en corps de doctrine. Ce qui donne lieu aux sciences mathématiques, morales, esthétiques, etc., qui ont pour objet la quantité, le bien et le droit qui en découle, le beau dans les arts, etc.

C'est au nom et avec l'autorité évidente de la raison que nous exposerons plus loin les vérités de l'ordre moral qui font l'objet de cet ouvrage. Il suffit ici de constater son existence et la place élevée qu'elle occupe dans la nature de l'âme.

La seconde qualité essentielle de l'âme, c'est la sensibilité ou l'amour ; il ne s'agit pas ici de la sensibilité physique, qui nous est commune avec les animaux et qui nous fait chercher le plaisir ou fuir la douleur, mais de l'amour affectif et intellectuel.

L'amour, transportant l'homme hors de soi, lui fait chercher son bonheur dans le sacrifice ou dans le bonheur d'autrui ; c'est la subordination de son être à un autre être, aboutissant à l'union des âmes et non à leur anéantissement impossible à la nature.

L'amour naît de la vue de certaines qualités vraies ou supposées dans un être produisant la sympathie ; ces qualités bienveillantes et affectives engendrent la reconnaissance ou l'amour affectif. De là ensuite une disposition au dévoue-

ment ou la préférence d'autrui à soi-même.
Enfin la dernière démarche de l'amour, c'est le
désir de l'union intime avec l'objet aimé, et le
bonheur de cette union, qui n'est jamais com-
plètement réalisé sur la terre.

Ainsi entendu, l'amour ne peut guère s'appli-
quer qu'aux personnes, bien que l'âme puisse
en ressentir quelques effets pour des êtres
inanimés, pour des animaux, pour des sociétés,
comme la famille, la patrie, l'Eglise. Des objets
de nos passions, le plus élevé, c'est l'amour
de Dieu, qui doit dominer tous les autres
et qui est à la fois l'amour du bien infini et de
l'Etre souverainement bon, notre principe et
notre fin suprême.

A l'amour est opposée la haine, qui, produite
par des causes contraires, amène aussi les quatre
effets contraires correspondants d'antipathie,
de ressentiment, d'hostilité et de désir d'anéantissement; mais qui doit moins nous occuper,
parce que c'est plutôt un état anormal et acci-
dentel.

Il faut que l'homme aime quelqu'un ou quelque chose, et sa valeur morale dépend surtout
de l'objet de cet amour. Cet objet est inférieur,
égal ou supérieur à nous-même; de là des
caractères particuliers de protection, d'intimité
ou de soumission dans l'amour. L'égoïste qui
s'aime plus que tout autre ignore le véritable
amour, et n'aime que soi dans les autres : c'est,
comme la folie, une aberration du cœur.

Nous reviendrons plus loin sur les conditions
et sur la place de l'amour dans ses rapports

avec notre destinée et la morale. Il suffit ici de constater sa présence et ses effets généraux.

La troisième faculté de l'âme, c'est la volonté : nous entendons par là, non l'activité de l'âme, qui s'exerce aussi dans l'intelligence et dans l'amour, mais le pouvoir d'être la cause directe de ses actes et de ses états en général, et non pas seulement des actions extérieures ou des mouvements du corps.

Le propre de la volonté ainsi entendue, c'est la liberté, c'est-à-dire, le pouvoir qu'a l'âme de se déterminer dans tel ou tel sens sans aucune contrainte intime ou extérieure, qu'il y ait eu ou non délibération. Ce pouvoir nous est attesté par la conscience, avant, pendant et après l'acte accompli, et ne peut être contesté par un homme de bonne foi.

Il y a d'ailleurs plusieurs manières de vouloir, tantôt spontanée et sans réflexion préalable, tantôt précise et délibérée, tantôt virtuelle et prolongée, tantôt enfin habituelle et avec ou sans discontinuité.

La volonté est sollicitée, sans être contrainte, par des motifs, mobiles et circonstances intérieures ou extérieures qui relèvent de causes occasionnelles, de la sensibilité ou de la raison, que nous aurons à examiner, et qui ont une part dans notre activité pour l'atténuer ou l'aggraver, sans la détruire.

La présence dans l'âme de l'obligation de faire le bien et d'éviter le mal, ou, en d'autres termes, la conscience, constitue la liberté morale, d'où résultent la responsabilité de nos actes et toutes ses conséquences pour notre destinée présente ou future.

On voit par là que toutes nos facultés se prêtent un mutuel concours, et que, dans toute action, la raison, l'amour et la liberté ont leur rôle, ou plutôt, ce sont là des abstractions et des modes de l'âme unique; quoique dans nos divers états l'une ou l'autre faculté domine successivement.

Les différents systèmes de philosophie ont exalté tour à tour l'une des trois facultés aux dépens de l'autre, ou même les ont méconnues et subordonnées au corps. La raison a été plus étudiée que les deux autres, comme touchant de plus près à la science ou à la théorie pure. Mais si elle est directrice de la conduite, et si elle nous fait connaître Dieu, nos devoirs et notre fin, si même elle est moins altérée en nous que ses sœurs, l'homme vaut encore plus par l'amour et par le cœur, et enfin la volonté est la faculté maîtresse qui décide de notre mérite et de notre destinée.

N'oublions pas non plus de tenir compte de plusieurs autres éléments déjà indiqués, comme l'état du corps et son tempérament, l'influence des sexes, la société domestique, civile ou religieuse, la condition et la profession sociale, le climat et la nature qui nous environne, la naissance et l'éducation, et bien d'autres influences qui agissent sur nous. Nous en dirons plus loin quelques mots, mais sans pouvoir préciser leur action, quoiqu'elle change beaucoup notre valeur morale et notre responsabilité.

Pour résumer ce que nous avons dit de la nature de l'homme, nous avons vu qu'il est formé d'un corps organisé et vivant, plus parfait que celui des animaux et qui est au service de l'âme, bien qu'il la gêne quelquefois, et d'une âme douée de trois facultés principales, aidées de facultés secondaires, la raison, l'amour et la liberté.

Ces trois facultés, qui se prêtent un concours mutuel, forment l'essence de l'âme et se trouvent dans toutes ses actions, mais inégalement, et subissent plusieurs influences qui atténuent notre responsabilité sans la détruire ; en sorte que l'homme, par l'usage qu'il fait de ses facultés, est l'agent principal de sa destinée ou de son bonheur, qui est l'exercice normal et complet de toutes ses propriétés essentielles.

Il nous faut maintenant étudier plus à fond la raison, et dans celle-ci, la notion du bien et du mal avec son double caractère d'obligation et de sanction.

Ensuite, nous verrons que la raison nous conduit d'autre part à reconnaître l'existence et le domaine d'un Dieu créateur qui nous a formés pour concourir à ses desseins.

Rapprochant alors cette notion d'un Dieu créateur et législateur, principe et fin de notre être, de la notion du bien obligatoire et de ses conséquences, nous verrons clairement que notre seconde fin est d'accomplir librement le bien que Dieu nous commande, d'arriver ainsi à notre première fin ou au bonheur qui en doit être la récompense, et de procurer par là la gloire de Dieu, notre fin suprême.

Après avoir établi les fondements de la morale, nous tâcherons d'en marquer les principes et d'en déduire tous nos devoirs particuliers, dans l'ordre naturel et social.

Mais un regard plus approfondi jeté sur notre état actuel et sur la tradition du genre humain, nous conduirait à admettre un ordre surnaturel, la déchéance de notre nature, sa régénération, sa sublime vocation et les moyens de répondre aux grands desseins de Dieu sur chacun de nous.

La perception est l'acte par lequel l'âme voit ou connaît clairement et directement une chose, soit un objet réel, soit un fait, soit une vérité. Elle est toujours accompagnée d'évidence, et produit en nous la certitude ou l'impossibilité du doute.

Il y a trois sortes de perception : l'une, extérieure, qui provient des sens et qui nous atteste l'existence et les accidents des corps, y compris le nôtre ; une autre, intime, ou conscience, qui nous fait connaître notre âme et tous ses modes.

Par la troisième, l'âme conçoit, à l'occasion des deux premières, des rapports généraux entre les choses et des vérités nécessaires qui ne sont pas le résultat de l'expérience, ni d'une généralisation progressive, mais qui s'imposent à l'esprit invinciblement et du premier coup.

Outre le caractère d'évidence directe, qui leur est commun avec les objets des deux autres perceptions, ces vérités ont un caractère d'universalité absolue qui a fait donner à la raison le nom de perception de l'absolu, parce qu'elle

s'étend à tous les hommes, à tous les temps, à
tous les lieux, à tous les êtres réels ou possibles;
en sorte que, non-seulement elles sont, comme
les objets perçus par les sens ou la conscience,
mais encore elles ne peuvent pas ne pas être, et
elles seraient encore quand même rien ne serait,
excepté Dieu, leur sujet et leur objet souverain.
Personne n'en doute et ne peut en douter, même
ceux qui nient l'autorité supérieure de la raison.
Dans la pratique, ils les appliquent constam-
ment, avec une imperturbable assurance.

Personne ne peut nier la réalité de la substance dans une qualité ou un phénomène, ou
dans une cause efficiente, la nécessité d'une cause
pour un fait ou un être contingent, l'axiome de
triple égalité, l'infinité de l'espace et du temps,
l'ordre constant de la nature, la distinction du
bien et du mal, l'obligation de faire l'un et d'éviter
l'autre, etc. On peut dire hardiment que ceux qui
le nieraient, sont des menteurs qui se donnent
continuellement des démentis dans la pratique,
comme ceux qui contesteraient l'existence des
corps ou leur propre existence, s'il y en a qui
aillent jusque là.

Mais, si l'on ne peut nier l'autorité d'évidence
de la perception rationnelle ou de la raison
intuitive, en est-il de même de la raison déduc-
tive ou du raisonnement, et des vérités médiates
qui découlent des premières? En d'autres termes,
l'évidence et la certitude des principes s'étendent-
elles à leurs conséquences, y a-t-il une science
de la morale, des mathématiques, des lois physiques et de l'histoire, etc., etc. ?

Assurément, et poser cette question, c'est la résoudre. Sous peine de se contredire, on est forcé d'admettre, avec la même certitude, l'évidence médiate et prouvée, les axiomes de la morale, les vérités mathématiques, les grandes lois de la nature et les faits avérés, et quiconque les nie se contredit nécessairement et contredit le sens commun. En un mot, ce qui est démontré vrai, est tel, et ne peut être autrement, par la raison qu'une même chose ne peut être à la fois d'une façon et de la façon contraire ; c'est ce qu'on nomme le principe de contradiction, ou plutôt de non contradiction, base de tout raisonnement, de toute vérité démontrée, de toute science, et que tout le monde admet aussi bien dans la pratique que dans la théorie.

Non, personne n'a jamais douté qu'il ne faille rendre à chacun ce qui lui est dû ; non plus que de l'égalité des trois angles d'un triangle a deux angles droits, de la chute des pierres, ou de l'existence de César ou de Rome, toutes choses qui ne sont pas évidentes par elles-mêmes, mais diversement démontrées et également certaines. La seule différence entre ces vérités, outre leur mode d'acquisition, c'est que les deux premières sont nécessaires et absolues, et que les deux dernières sont contingentes ou auraient pu ne pas être, ou être autrement, les unes étant des vérités rationnelles, et les autres, des faits perçus par les sens et crus sur la foi d'autrui.

Sans doute nous vivons dans un temps de scepticisme moral et philosophique, où tout est contesté avec une audace inouïe, même l'évi-

dence et le sens commun. Mais toutes ces
impertinentes assertions de gens fiers de leur
néant, sous le nom de gens positifs et positi-
vistes, ne doit pas émouvoir les vrais savants,
pas plus que le crime et la folie ne gênent la
vertu ou le bon sens ; et le genre humain n'en
continue pas moins de croire à la raison et à
la morale, comme il croit à l'existence des corps.
Après tout, l'existence de. la vérité ne dépend .
pas de ceux qui l'admettent ou qui la nient ;
l'essentiel, c'est qu'elle subsiste et qu'elle soit
accessible à tous. Au surplus, chacun répondra
de ses négations et de ses doutes, comme de ses
croyances et de ses assertions. Le vrai philosophe
doit être à la fois humble et fier, ne sachant
rien de plus que le vulgaire, mais le sachant
mieux, et pouvant mieux rendre compte de ses
convictions qu'il partage avec les simples, mais
qu'il ne quitterait pas devant tous les faux doc-
teurs, parce qu'elles ont pour lui l'autorité de
l'évidence directe ou démontrée.

Le propre des vérités morales, en particulier,
c'est d'être à la fois accessibles à tous, et toujours susceptibles d'être pourtant niées ou con-
testées. Cela tient surtout à ce qu'elles s'imposent
aux passions, non pas. seulement comme des
vérités abstraites, théoriques, indifférentes, mais
comme des lois ou des ordres sacrés, pratiques
et même menaçants, ce qui révolte l'orgueil et
l'égoïsme ; elles exigent des esprits une droiture et une docilité qui se trouve plutôt chez les
enfants que chez les hommes faits ; et voilà
pourquoi, admises d'abord sans difficulté, elles

sont plus tard quittées ou reniées, sans qu'on ait eu aucune bonne raison à leur opposer. Toute objection contre la vérité morale vient encore plus de la perversité du cœur que de la perversion de l'esprit, parce que le devoir trouve en tout pécheur un ennemi, et que personne, sur ce point, n'est vraiment désintéressé.

En effet, la notion du bien et du mal, outre ses deux caractères de spontanéité et d'universalité qui lui sont communs avec les autres notions rationnelles, en a deux particuliers, celui d'obligation et de défense, et celui de mérite et de démérite. Une voix souveraine commande l'un et défend l'autre avec autorité, et après que nous lui avons obéi ou résisté, une autre voix nous approuve ou nous blâme, nous fait attendre récompense ou châtiment, fait important qui suppose à la fois notre liberté et notre dépendance.

Vainement a-t-on contesté à la notion du bien son universalité au nom de quelques exceptions bizarres qui en sont à la fois la confirmation et l'aberration ; malgré les préjugés, cette notion s'impose partout de même à tous les hommes, et l'éducation ne fait que la confirmer sans l'établir chez tous les peuples civilisés ; les lois pénales n'ont même pour objet que de la maintenir et de la faire respecter, et supposent la liberté et la responsabilité morale par les peines qu'elles infligent à leurs transgresseurs.

On ne peut non plus faire rentrer cette notion dans celle de l'intérêt public ou privé, plus ou moins bien entendu ; car d'abord, elle lui est

souvent contraire, et l'utilité ne peut être ni
commandée, ni suivie de châtiment et de récompense ; enfin, l'intérêt est aussi mobile que les
diverses circonstances et les individus, tandis
que le devoir est le même toujours et partout.

Quant à l'antagonisme trop fréquent entre
l'intérêt et le devoir, si trop souvent en fait le
devoir est vaincu, en droit il conserve une supériorité attestée par la conscience et que prouvent
en effet le remords, l'opinion publique et les
lois humaines, quoique celles-ci défendent plus
qu'elles n'ordonnent.

D'ailleurs, nous verrons plus loin comment
ces deux mobiles de nos actions, en apparence
si opposés, et qui ont donné naissance aux systèmes exclusifs des Epicuriens et des Stoïciens,
trouvent dans la sanction de la vie future et la
notion de Dieu, leur conciliation. Mais en attendant et en dehors de l'idée de sanction, le devoir
conserve toute son autorité souveraine et imper-
sonnelle, et ne peut être absorbé dans aucun
autre motif de nos actions. C'est un maître souvent méconnu, mais toujours honoré, et qui, tôt
ou tard, saura faire valoir ses droits impres-
criptibles.

On voit par là que la notion du bien et du
mal, avec ses caractères d'obligation et de mérite,
est la plus haute de la raison et le vrai guide
de la vie humaine. Mais elle a encore bien plus
d'empire, quand on la rattache comme nous
allons le faire à une autre notion rationnelle,
celle d'un Dieu, principe et fin de l'homme et
maître absolu de sa destinée.

Reprenons maintenant trois autres principes
de la raison, non moins féconds en conséquences
importantes. Ce sont les trois notions de substance, de cause et d'infini.

La substance est ce qui est sous les phénomènes, modes ou accidents, perçus par les sens
et la conscience, et que l'intelligence rapporte à
des qualités correspondantes. Ainsi, la chute
d'une pierre est un fait rapporté à la pesanteur,
qui elle-même est dans une substance réelle et
persistante.

Toute substance a des qualités et des modes,
comme tout mode et toute qualité sont dans une
substance. Toute substance est une, simple,
c'est une monade; elle n'est connue que par son
action ou ses modes et ses qualités qui forment
son essence, et cette essence, qui diversifie les
genres et les espèces comme la substance
diversifie les individus, est immuable.

Il y a deux sortes de substances ou monades,
les unes spirituelles, ayant les trois facultés plus
ou moins développées, agissant dans le temps,
et les autres, corporelles, inertes et existant dans
l'espace; les premières, actives, n'emportent pas
comme les secondes, l'idée de limites; c'est-à-dire
qu'un esprit peut être infini, tandis qu'un corps
est toujours limité dans l'espace.

Les substances n'étant connues que par leurs
modes et leurs qualités, celles qui, par là, sont
finies en un point, le sont en tout le reste; la
substance infinie par un point, l'est également
en tout et est unique et spirituelle, ne pouvant
être bornée par une autre et ayant tous les

attributs positifs de l'esprit, mais sa conception n'emportant pas son existence, celle-ci doit être prouvée par les deux autres idées de cause et d'infini.

Le principe de causalité, perçu par la raison, à l'occasion de notre propre activité, donne naissance aux axiomes suivants : Tout ce qui commence, être ou fait, a une cause antérieure et supérieure qui le fait commencer ; toute cause est dans un être, ou est substantielle; toute cause est spirituelle, l'esprit étant seul actif; elle agit pour un motif qui est la fin de cette action ; tout être contingent ou qui commence doit remonter à une cause première, nécessaire, qui est par soi-même, et qui, n'ayant pas commencé est éternelle ou infinie dans le temps.

Or, l'homme et les animaux ne sont pas les causes de tous les grands phénomènes de la nature, ni de leur existence, et de leur âme en particulier: d'ailleurs, s'ils ont dans leurs parents la cause occasionnelle de leur corps, ceux-ci remontent à une cause première qui n'a pu commencer.

Tous les êtres de la nature doivent donc leur existence à une cause primitive et éternelle, auteur de l'ordre admirable de l'univers, qui conserve et soutient cet ordre et ces êtres et qui les conduit à leur fin propre ou générale.

Si cette cause première n'est pas nécessairement parfaite, son œuvre étant finie, nécessairement elle est infinie par la durée, et comme étant par elle-même; et infinie par là elle l'est en tout. C'est donc l'infini lui-même, substantiel,

unique, souverain maître de toute chose, principe
et fin dernière de tous les êtres contingents.

D'un côté, en effet, nous avons la connaissance
ou perception de l'infini par la notion de l'espace,
de l'éternité, de la cause première, de l'indépendance qui la fait être par elle-même, de la toute-
puissance qui lui a fait tout créer. D'un autre
côté, cette cause créatrice, infinie par un point,
l'est en tout ; donc Dieu existe et est infini.
Enfin cet être infini est spirituel, l'esprit pouvant
seul être infini ; il est unique comme infini et
il a tous les attributs à un degré infini, l'être
infini en un point l'étant en tout le reste.

Ni l'athéisme, ni le polythéisme, ni le panthéisme, ni l'idéalisme ne soutiennent l'examen :
l'athée admet une série inintelligible et impossible d'effets sans cause première, et supérieure
à leur cause si c'est la matière qui a formé l'esprit ; il prend des lois abstraites pour des causes
réelles et concrètes, et méconnait son origine,
l'autorité de la conscience et celle du genre
humain, et l'ordre de l'univers.

Le polythéisme rabaisse l'idée de Dieu jusqu'à
l'anthropomorphisme, méconnaît l'infinité de la
cause créatrice, l'unité de l'ordre universel,
l'indépendance et la souveraineté de Dieu.

Le panthéisme identifie les contraires, le fini et
l'infini, l'esprit et la matière, le bien et le mal,
méconnaît la personnalité humaine, la distinction
des substances, l'idée de cause et de création, la
liberté de l'homme et la nature de Dieu confondu avec ce qu'il y a de plus bas dans le monde
et reçoit un démenti de la conscience et de l'in-

dividualité de chacun de nous. C'est la confusion des êtres, des qualités, des idées et des
mots. Si Dieu est tout, les êtres finis ne sont plus,
et s'il est eux tous, il n'existe plus.

Enfin Dieu n'est pas un simple idéal, abstrait,
conçu par l'homme et sans réalité; car c'est une
cause efficiente, nécessaire et réelle, créatrice,
éternelle, et par conséquent infinie, dont dé-
pendent l'homme et l'univers, auteur de la vie
et de la mort, et qui n'a tous les attributs que
parce qu'il est souverainement et par soi-même.

Une fois maître de l'idée de Dieu, l'esprit s'é-
lève aux plus hautes conceptions, et s'il ne peut
tout expliquer, il en sait assez pour marcher
dans la vie avec assurance, plein de reconnaissance pour le présent et de confiance pour
l'avenir, et il est sur la voie de la solution de
l'énigme de sa destinée. Il peut tout recevoir
de la main d'un père infiniment bon, sage et
puissant, qui n'a pu le créer que pour le rendre
heureux.

Dieu existe et il a créé le monde et l'homme.
Mais pourquoi l'a-t-il créé? Nous touchons ici
au problème de notre destinée lié aux desseins
de Dieu sur nous.

Dieu n'a point créé par besoin, car il se suffit
à lui-même, étant infini, immuable et parfait,
étant d'ailleurs souverainement libre et indépendant.

Il faut chercher les raisons de la création dans
les attributs de Dieu, et surtout dans sa bonté
qui l'a porté à donner l'être et le bonheur à des
créatures, et par conséquent à des esprits.

Or, les esprits ne peuvent trouver leur bonheur que dans l'exercice de leurs facultés, d'intelligence, de sensibilité et de volonté, ou dans la raison, l'amour et la liberté, et, s'ils sont unis à un corps, dans leur empire sur ce corps, et par lui sur la nature physique, enfin dans l'état normal et harmonique de l'âme et du corps.

L'homme est donc fait pour le bonheur, par le développement complet, harmonieux, senti de tout son être, et c'est là sa fin propre et personnelle ; on peut le proclamer au nom de ses aspirations et de la bonté de Dieu son créateur.

Mais l'homme a diverses facultés et aspirations inégales, et le corps lui-même est inférieur à l'âme : il y a d'autres êtres que lui semblables ou inférieurs à lui-même ; Dieu a d'autres attributs que la bonté. De cette diversité d'attributs et de cette inégalité d'êtres et de tendances découle un autre ordre d'idées, une destinée différente, et une fin plus haute et plus générale.

En effet, la grande loi de la création, c'est que les choses forment entre elles une échelle immense par leur inégale perfection, s'élevant des plus humbles degrés de la matière jusqu'aux sublimités des archanges, mais toujours à une distance infinie de Dieu leur créateur.

De cette inégalité et de cette dépendance mutuelle résultent l'ordre admirable de l'univers et l'ineffable harmonie des êtres ; en d'autres termes, l'ordre, la beauté, la perfection de chacun d'eux et de l'ensemble, qui fait dire à l'écrivain sacré : et Dieu vit que tout était très-bien ; *et erant valde bona.*

La plus grande différence entre les êtres, c'est celle des esprits et des corps; les seconds étant subordonnés aux premiers ; et tous deux étant unis dans certaines natures complexes, comme l'homme, qui est comme le nœud de toute la création.

Les atomes ou monades matérielles formant des corps simples soumis diversement aux lois de l'attraction, à la lumière et à l'électricité, donnent naissance aux deux règnes, l'un inorganique avec ses grandes masses et ses corps composés, l'autre organique et vivant, végétaux et animaux, unis et subordonnés l'un à l'autre.

Les corps célestes obéissent aux lois mathématiques de l'attraction et de la force centrifuge, et agissent, comme le soleil et la lune par exemple, sur le règne minéral; celui-ci, par les affinités et les combinaisons chimiques des corps simples ou composés, cède à son tour aux plantes, et les plantes aux animaux, dont une âme grossière anime l'organisation.

L'homme à son tour subit l'influence des corps célestes et des éléments, fait servir les plantes et les animaux à son usage et relie ainsi, par ses sens et sa vie de relation, la nature matérielle au monde des esprits, régnant sur la terre qu'il rattache au ciel et à Dieu même par ses aspirations.

Mais tandis que les astres, les corps inorganiques ou organisés, et les animaux eux-mêmes, guidés par l'instinct, obéissent aux lois que Dieu leur a posées, et observent ainsi un ordre constant et admirable ; l'homme, doué de raison, d'amour et de liberté, est appelé à concourir à l'ordre divin volontairement, et par choix, avec la faculté redoutable d'y déroger

Nous voyons donc pour lui s'ouvrir une autre destinée, c'est-à-dire, l'adhésion ou la résistance de sa liberté à l'ordre établi par Dieu. Pour qu'il le suive, il faut qu'il le connaisse, qu'il y soit poussé non pas forcément, mais d'une manière efficace, et c'est ici que nous devons rapprocher le dessein du Créateur de la notion du bien, obligatoire et suivie d'une récompense, et du mal défendu et suivi d'une punition.

La voix de la conscience morale, c'est la voix de Dieu même parlant avec autorité et transmettant à l'homme ses ordres avec promesses et menaces à l'appui, et intéressant ainsi sa sensibilité et son désir du bonheur à l'accomplissement de ses lois.

Ce que Dieu veut de l'homme, c'est qu'il observe cette loi de l'inégalité des êtres et des tendances ou des biens qui forme l'ordre de la création; c'est qu'il préfère les biens supérieurs par où il se rapproche de Dieu aux biens inférieurs qui le ravalent au rang des corps et des animaux.

C'est là la seconde destinée de l'homme, savoir: son concours libre à l'ordre général, d'où résulte sa moralité et d'où dépend sa première fin ou son bonheur personnel, comme nous le verrons bientôt.

L'homme a donc à atteindre deux fins distinctes bien qu'étroitement unies ensemble; sa fin propre, ou le bonheur, et sa fin générale, ou l'ordre moral, qui consistent, l'une, dans le développement normal et entier de toutes ses facultés, l'autre, dans la subordination des biens inférieurs aux plus parfaits.

Or ici-bas, ces deux fins se présentent à lui, la première, sous la forme du plaisir ou de l'intérêt, la seconde, sous celle du devoir ou du sacrifice. Il peut préférer l'une à l'autre ; mais il doit sacrifier son intérêt au devoir, selon l'ordre de la conscience, et s'il ne le fait pas, il en sera puni ou plutôt averti par le remords, qui lui reprochera sa faute et lui en fera craindre les suites.

Telle est l'alternative entre le bien et le mal qui s'offre à chacun de nous, sans que nul puisse s'y soustraire : l'observance ou la violation de l'ordre divin, dans certaines limites et pour un certain temps.

Mais comme il faut en définitive que l'ordre triomphe, et que les deux fins de l'homme, qui semblent souvent se contredire, se réunissent et se concilient sous un Dieu juste et bon, voici ce qui arrive tôt ou tard, mais nécessairement.

Après la mort, l'homme paraît devant Dieu avec les œuvres de toute sa vie ; s'il a fait le bien, il est récompensé et heureux ; s'il a fait le mal, il est puni et misérable. Ainsi se trouvent justifiés et glorifiés les attributs de Dieu, sa sagesse et sa puissance, sa bonté et sa justice.

Telle est la troisième et suprême destinée de l'homme : la gloire de Dieu, par l'union de la vertu et du bonheur, du vice ou du crime et du malheur.

Nous laissons de côté, pour le moment, plusieurs questions accessoires, telles que la possi-

bilité du retour au bien ou au mal en cette vie,
le mélange du bien et du mal, la nature et la
durée de la récompense et du châtiment, la
résurrection, etc.

Contentons-nous ici de tracer ces traits
généraux et essentiels des trois destinées de
l'homme, de leur conciliation dans la vie future
par la justice divine, les deux moments de l'existence humaine avec leur double alternative ;
savoir : l'épreuve bien ou mal subie, et le résultat
normal ou funeste de cette épreuve; ce sont là
les enseignements de la raison et de la foi, de
la philosophie et de la tradition, et jamais les
sophismes ni les passions ne pourront rien leur
opposer. L'homme peut choisir entre la vie et la
mort, mais Dieu reste le maître et il a le dernier
mot.

Cherchons maintenant à ramener les devoirs
que la conscience nous impose directement, à
quelques principes généraux, et en les rappor-
tant à cette théorie de l'inégalité des êtres et des
biens établie par Dieu.

Le bien, dans sa conception la plus générale,
est ce qui conduit un être à sa fin, et cette fin
étant triple, il y a pour l'homme trois sortes de
biens, savoir : le bonheur répondant à sa fin
propre, le devoir ou bien moral répondant à sa
fin générale ou à l'ordre, et le souverain bien,
par l'union subordonnée de ces deux premières
fins, manifestant la gloire de Dieu ou ses attributs de sagesse, de puissance, de justice et de
bonté.

Il n'y a même point de mal essentiel ou na-

turel, tout ce que Dieu a créé étant bon et bien.
Le mal moral n'est que la préférence donnée à
un bien inférieur sur un bien supérieur, ce qui
est la violation de l'ordre divin ; il dépend de
la liberté de l'homme, et Dieu le permet comme
la condition nécessaire de la possibilité du bien.
Mais il lui donne des bornes précises et sait en
tirer le bien, soit par les épreuves imposées
ainsi à la vertu, soit par la manifestation de sa
justice.

Il suit de ce qui précède, que la première loi
de la morale, c'est la subordination des êtres, des
éléments, tendances ou facultés, ou plus généralement, des biens inférieurs aux supérieurs,
loi d'une importance capitale et d'une immense
étendue, car elle s'applique à tout et est la base
de toutes les vertus et de tous les droits.

L'homme doit donc, selon cette loi, user de la
nature en maître pour les besoins de son corps,
faire servir celui-ci à son âme, cultiver dans
son âme sa raison, sa sensibilité affective et sa
liberté de préférence aux qualités secondaires,
etc., en un mot, préférer ce qui le rapproche de
Dieu à ce qui l'en éloigne et le rabaisse à un
rang subalterne dans la création.

Mais comme il vit avec d'autres hommes, ses
semblables et ses égaux, appelés à la même destinée et ayant les mêmes droits, il ne peut ni se
subordonner à eux ni les subordonner à lui. Il
doit coordonner sa vie et sa destinée avec la
leur, c'est-à-dire, concourir avec eux à leur fin
commune.

Cette seconde loi de la morale, dite de coordination, lui impose, comme nous le verrons plus loin, deux sortes de devoirs, les uns de justice, qui laissent aux autres toute liberté d'agir et d'arriver à leur fin, et les autres de bienveillance, qui les aident à y parvenir, sans parler des devoirs plus étroits que la société leur impose, toujours au nom de la loi de coordination des êtres et des biens égaux.

Enfin Dieu étant leur créateur, leur bienfaiteur et leur maître absolu, en même temps que leur fin suprême et leur souverain bien, les hommes ont à son égard une loi d'amour et de soumission absolue, que nous nommerons de surordination.

Cette loi nous impose deux obligations : la première, de pratiquer tous nos autres devoirs par un principe d'obéissance, et non pas seulement, comme les stoïciens, par la notion naturelle du bien moral à faire et du mal à éviter; la seconde, de lui rendre un culte de respect, de reconnaissance et d'amour comme à notre suprême bienfaiteur.

Ces trois lois de subordination, de coordination et de surordination, portent aussi d'autres noms, tels que l'imitation de Dieu, la loi de perfection ou perfectionnement, la convenance naturelle, l'honneur, le respect de soi-même, la justice souveraine, etc., mais nous croyons notre théorie plus logique et plus précise.

Il est facile de voir le rapport de ces trois lois avec nos trois destinées, personnelle, générale et souveraine ou divine; la loi de subordination, répondant surtout à notre fin propre, celle de coordination à notre fin générale, et celle de surordination à notre fin dernière, qui est la gloire de Dieu.

On peut aussi les rapporter aux trois sociétés dans lesquelles tout homme vit et meurt. La famille a pour objet le bonheur de chacun et pour règle l'affection et la subordination; la patrie a pour objet les droits naturels et pour règle la justice et la coordination; l'Église a pour objet Dieu même et pour règle l'autorité divine et la surordination.

Les œuvres de l'homme valent plus ou moins, ou plutôt sont bonnes ou mauvaises, suivant qu'elles sont faites selon ou contre ces trois grandes lois morales, c'est-à-dire selon l'intention qui les anime, et non par leur forme extérieure; la même œuvre matérielle pouvant être digne d'éloge ou de blâme selon cette intention.

Mais cette direction d'intention, qui fait la valeur morale de chaque homme, est bien difficile à démêler aux yeux de la foule ou même à ceux de l'auteur d'une action. Dieu seul peut la connaître exactement, et avec elle la moralité de chacun de nous.

Il y a plus, cette moralité varie extrêmement selon les circonstances extérieures et les conditions intimes où l'action s'est produite, les suggestions du dehors et du dedans, l'occasion, l'éducation, la condition, le besoin de son auteur, indépendamment de sa gravité naturelle ou théorique; grave ou légère pour le bien comme pour le mal selon tous ces éléments complexes et inconnus.

Prenons pour exemple une des actions matérielles les plus communes et les plus indifférentes
en apparence, l'action de manger; la valeur de
cette action varie beaucoup selon l'intention.
Y cherche-t-on un plaisir sensuel et animal, elle
est mauvaise, comme nous le verrons plus loin.
Veut-on satisfaire un besoin du corps et apaiser
sa faim, elle est instinctive et indifférente, bien
qu'un moraliste sévère puisse la blâmer comme
pouvant être humaine ou meilleure.

Si l'on mange pour entretenir la vie et rani-
mer les forces, l'action est raisonnable sans
être morale, parce qu'il n'y a point là d'intention
de suivre une loi ou de faire le bien; si l'on a
en vue de pouvoir travailler utilement pour soi
et les siens, l'action est bonne, et si c'est pour
obéir aux ordres de Dieu, qui veut qu'on soutienne son existence, elle a toute sa bonté naturelle.

Nous ne parlons encore ici que de la morale
naturelle, car selon l'ordre surnaturel, cette action si simple peut valoir beaucoup plus si elle
est faite pour l'amour de Dieu, en union avec
Jésus-Christ, dans un esprit de filiale obéissance
et même de mortification. C'est ce qu'enseigne
l'Église et ce qu'ont pratiqué les saints.

Après cela il est difficile d'avoir toujours présente et précise cette intention la plus élevée; il
suffit qu'elle soit virtuelle au début de l'action,
et même, selon quelques-uns, au début de la
journée, et nul ne sait sur ce point quel est son
état habituel.

Ajoutons que beaucoup d'actions par elles-

mêmes ou par l'intention qui les accompagne
sont indifférentes, ou n'ont qu'un degré de bien
ou de mal fort léger; tels sont les actes quoti-
diens de la plupart des hommes, bien qu'ils
perdent par leur légèreté l'occasion de les rendre
bonnes et méritoires.

Cela nous amène à reconnaître qu'il y a en soi
divers degrés dans le bien, que tout bien n'est
pas obligatoire, ou même tout mal également
défendu. Qui dira par exemple qu'un homme
est coupable pour n'avoir point fait l'aumône à
qui la lui demande, redressé une erreur, sacrifié
une fantaisie, etc.?

Tous les moralistes, à côté des préceptes im-
posés à chacun, ont reconnu des conseils facultatifs, et distingué le bien obligatoire ou nécessaire et le bien héroïque; nous tâcherons de
donner plus loin les règles pour faire ce discer-
nement, qui s'applique aussi au mal mais assez
difficilement, parce qu'il est encore plus interdit
que le bien n'est ordonné, comme nous le
verrons.

Quoi qu'il en soit et bien que les hommes
soient obligés en général aux mêmes devoirs
essentiels, chacun d'eux, selon son âge, son
sexe, sa condition et les circonstances, est
soumis à des épreuves diverses et providentielles
qu'il doit subir, et dont Dieu tiendra un compte
équitable. De là des devoirs d'état qui tiennent
une grande place dans notre valeur morale.

Cette valeur elle-même, inconnue des autres
et de chacun, n'est point absolue; je veux dire
que personne ici-bas n'est sans quelque faute,

ni sans quelque mérite, et que Dieu, seul juge de chacun, le récompensera du bien et le punira du mal qu'il aura fait.

C'est là une conséquence nécessaire des prémisses selon l'ordre naturel; ajoutons qu'elle emporte avec elle la réalité d'une vie future, les hommes n'étant jamais traités ici-bas exactement selon leur mérite. Mais l'ordre surnaturel jettera plus loin quelque jour sur cette question si obscure de notre avenir.

Il nous reste à chercher quelles peuvent être la durée et la nature de la récompense ou de la punition, du malheur ou du bonheur qui attendent l'homme après cette vie, s'il doit subir une seule épreuve ou plusieurs épreuves successives.

Sur la dernière question, la raison ne peut se prononcer non plus que sur la durée de la survivance de l'âme; cependant la philosophie, d'accord avec la tradition générale, penche pour admettre une seule épreuve décisive et l'éternité de l'âme après la mort, que celle-ci soit ou non réunie au corps. D'ailleurs, comme nous le verrons, la foi ou la doctrine révélée tranche la question dans ce sens, et n'admet pour l'homme qu'une alternative de bonheur ou de malheur éternel.

Quant à la nature de ce bonheur ou de ce malheur, il ne peut consister, comme nous l'avons dit, que dans l'exercice normal ou contrarié de toutes nos facultés, y compris le plaisir ou la douleur du corps.

Pour ne parler que de la destinée heureuse ou normale, le corps doit être sain et dispos, c'est-à-dire au service de l'âme, sans aucune des infirmités auxquelles il est assujetti sur la terre.

Quant à la réunion du corps à l'âme, la raison et la tradition ne se prononcent pas, mais sont plus portées à l'admettre qu'à la nier, comme répondant mieux à la justice divine et à la nature humaine. Il suffit qu'elle soit possible, par la puissance de Dieu, sans être nécessaire, l'âme pouvant sentir des plaisirs ou des peines corporelles sans être unie à un corps.

Un philosophe contemporain pense que les coupables en seront quittes pour l'anéantissement ou la persistance de l'homme dans son état présent et ses misères actuelles, et que les justes seuls seront appelés à un état supérieur et plus parfait. Mais c'est là une supposition gratuite que rien n'étaie, flattant le scepticisme et la mollesse moderne, et peu conforme à la majesté de la loi morale et de Dieu son auteur, ainsi qu'à la dignité humaine.

C'est également au nom des intérêts de cette loi et de la souveraineté divine, que la raison, d'accord avec la tradition générale, admet une épreuve unique et un bonheur ou un malheur immuable et éternel, comme sanction de cette épreuve, plutôt que des épreuves successives, où le bien et Dieu pourraient toujours être vaincus, et plutôt que l'anéantissement, comme indigne de Dieu, et trop dur aux bons et trop doux aux méchants.

N'oublions pas en effet que la vertu présente et le bonheur futur sont la destinée régulière et normale que Dieu propose à l'homme, et que le mal et le malheur qui en est la suite ne sont qu'une exception, quel que soit d'ailleurs le nombre des bons ou des méchants, ce qui doit faire pencher l'esprit vers l'unité d'épreuve et l'immortalité de l'âme. Mais d'un autre côté, si on admet cette doctrine pour le bien, il faut aussi l'admettre pour le mal. Enfin Dieu, qui veut par-dessus tout le triomphe du bien sur le mal ici-bas, doit promettre et menacer le plus possible, et après ses promesses et ses menaces, sa véracité est engagée à les accomplir.

D'ailleurs, le pécheur n'ayant que le droit à une juste punition, peut être assuré que la justice divine ne dépassera point la mesure; attente triste et terrible, mais qui lui ferme la bouche. Ajoutons que si l'offense infinie par un point comme s'adressant à une majesté infinie, doit être suivie d'une peine éternelle et infinie par ce côté, d'autre part, étant finie et graduée, comme venant d'un être fini et étant plus ou moins grave, elle sera l'objet d'une peine finie et proportionnée par son intensité.

Allons plus loin, et reconnaissons que si la règle morale est inflexible, et si la faute ne peut jamais être justifiée, elle peut être excusée par des circonstances atténuantes qui changent sa gravité sans changer sa nature, et que la justice de Dieu tiendra compte de tout, pour alléger la punition et la proportionner à la faute.

Il reste une question des plus importantes et des plus ardues. Dieu peut-il pardonner et pardonne-t-il aux coupables, ou le mal est-il tel qu'il ne puisse s'effacer, et que la peine soit nécessaire quoiqu'elle puisse être et qu'elle soit souvent reculée et ajournée ?

La tradition est muette ou confuse ; la raison se trouble et balbutie. D'un côté, en effet, le mal semble si irremédiable et la sanction, si invinciblement nécessaire que Dieu même ne puisse pas en arrêter les suites sans contredire sa nature absolue. De l'autre, l'homme est si faible, le péché si facile et si fréquent, qu'on ne peut s'empêcher de frémir sur les suites terribles et presque universelles d'une justice implacable.

La question peut encore être résolue pour les fautes vénielles passibles de peines actuelles et transitoires. Mais pour les fautes graves et suivies de près par la mort, elle est insoluble, ou plutôt, la raison, plus occupée des principes que des intérêts et des sentiments, pencherait pour la partie la plus sévère.

Mais ici comme ailleurs, la foi intervient et, ainsi que nous le verrons, proclame que Dieu peut pardonner et pardonne en effet, mais à des conditions sévères que nous exposerons plus loin en traitant de l'ordre surnaturel.

Après cette digression, revenons à l'état de l'âme après la mort selon ses œuvres, et après avoir parlé du corps, voyons le bonheur dont l'âme peut jouir par l'exercice normal et complet de ses facultés, et dans l'ordre naturel, le seul dont nous traitons maintenant.

L'intelligence se plaît à connaître les êtres et les lois de la création, les conceptions de la science et du génie, les beautés des arts et de la nature, c'est-à-dire, à connaître Dieu dans ses œuvres, d'une manière à la fois intuitive et profonde, sans passer par les fatigues de l'étude et les difficultés du raisonnement.

La sensibilité trouve dans l'amour du beau et du bien, dans l'affection réciproque des âmes, dans leur union et leur commerce, les délices du cœur bien supérieures à l'ivresse des sens ; elle jouit surtout du témoignage que Dieu et la conscience rendent à la vertu de l'âme dont le bonheur est d'autant plus grand qu'il est mieux mérité.

Enfin l'homme se plaît à agir, à faire beaucoup et bien sans peine, à concourir à une action commune et grande, selon les lumières de sa raison et les aspirations de son cœur.

Tel doit être le bonheur de l'âme dans l'ordre naturel, ou selon la nature humaine ; mais la connaissance, la possession et la jouissance de Dieu même dépassent infiniment la destinée à laquelle l'homme peut prétendre, et sont l'objet de l'ordre surnaturel.

Le malheur de l'homme coupable correspond au bonheur de l'homme juste, et il n'est que trop facilement compris, en ce qui regarde son corps, par la pensée des souffrances qu'il subit sur la terre ; mais le malheur de l'âme résultant du trouble de ses facultés ou des obstacles apportés à leur satisfaction est plus difficile à comprendre. Tout ce qu'on peut dire, c'est que le remords et le regret d'un bien perdu justement et par sa faute, doit y tenir une grande place.

D'ailleurs, pour que l'homme encoure cette

punition toujours grave et terrible si elle est
éternelle, il faut qu'il meure dans son crime et
qu'il mérite la condamnation de Dieu son juge. '
Or, deux conditions, selon les théologiens et les
moralistes, le rendent aussi coupable : la première, c'est que la matière soit grave et pleine-
ment connue, ensuite, que le consentement au
mal soit libre et entier. Quant aux fautes
vénielles, rien n'empêche de croire que l'homme
les expie ici-bas par ses bonnes actions ou par
ses souffrances bien supportées.

Les devoirs que la loi morale nous impose
sont de deux sortes : en effet, elle commande le
bien et défend le mal ; mais comme mobile de
la volonté, elle retient plus qu'elle ne pousse ;
c'est le besoin, l'intérêt, l'affection qui sont les
principaux mobiles de nos actions; la conscience intervient le plus souvent pour y mettre
un frein.

De là, disons-nous, deux sortes de devoirs, les
uns larges et positifs, ordonnant le bien, les
autres, stricts et négatifs, interdisant le mal : les
premiers sont ainsi nommés, non parce qu'ils
sont moins obligatoires, mais parce qu'il est plus
difficile de préciser où l'obligation cesse ou
commence, et qu'ils comportent une certaine
latitude, comme le devoir d'entretenir le corps,
ou de faire l'aumône. Au contraire, le devoir
strict ou négatif de ne pas se tuer, ou de ne
nuire à personne, est, dans sa forme et la pratique, beaucoup plus absolu.

Ajoutons que certaines actions peuvent passer de la catégorie des conseils facultatifs dans

celle des devoirs rigoureux ; par exemple, on n'est pas tenu d'exposer ses jours pour sauver ceux d'un inconnu, mais on y est tenu s'il s'agit de défendre sa patrie ou les auteurs de ses jours.

Enfin, nous avons vu que l'ignorance ou l'altération de la liberté détruisent la culpabilité ; mais il n'en est plus ainsi quand cette ignorance elle-même est coupable, c'est-à-dire, si elle résulte de défaut d'attention en matière grave, ou si la perte de la liberté provient de son abus comme dans l'ivresse ; car alors, si elles atténuent la faute, elles sont elles-mêmes une faute grave et imputable à son auteur.

Pour résumer toute cette doctrine sur notre destinée, nous avons établi qu'elle dépend d'abord de notre nature et surtout des trois facultés de l'âme : la raison, l'amour et la liberté, et que la raison, ou la perception de l'absolu, nous fait distinguer le bien du mal, nous ordonne de faire l'un et d'éviter l'autre, en y attachant une notion de mérite ou de démérite, et qu'enfin, cette loi souveraine du devoir est distincte de l'intérêt public ou privé, bien ou mal entendu.

Nous avons vu d'autre part, au nom d'autres principes de la raison, que tout être contingent, toute loi naturelle a une cause première et nécessaire, que cette cause est un être réel, que c'est un esprit infini, unique, souverain et créateur, en d'autres termes, que Dieu existe et que tout n'existe que par lui.

Or Dieu, ayant créé des êtres différents, corps ou esprits, et inégaux entre eux, a établi un ordre général qui subordonne les moins parfaits aux plus parfaits, et l'homme est appelé à concourir librement à cet ordre ; c'est même sa seconde fin, qui lui est enseignée et imposée· par la notion obligatoire du bien et du mal constatée plus haut par la psychologie ou l'analyse de la raison.

Si cette fin générale, ou la loi morale, paraît souvent ici-bas contraire à la première fin de l'homme, qui est son bonheur ou son intérêt personnel, elles se touchent néanmoins par la notion de mérite et de démérite, répondant à la sanction de la loi divine et intéressant ainsi la sensibilité à l'observance de cette loi.

En effet, ces deux fins de l'homme doivent être un jour conciliées par la justice de Dieu unie à sa puissance, sa sagesse et sa bonté ; et cette conciliation, manifestant les attributs divins ou la gloire de Dieu, est la troisième fin, la fin suprême de l'homme et de toute la création. Telle est en un mot notre destinée.

. Nous avons recherché les principes de la loi morale, et nous en avons trouvé trois répondant à l'ordre universel ou à cette hiérarchie des êtres s'élevant des corps aux esprits, et des divers esprits jusqu'à Dieu. Le principe de subordination commande de faire prévaloir les biens plus parfaits sur les biens moins parfaits ; le principe de coordination veut que nous coordonnions notre vie à celle des autres hommes, nos égaux, et le principe de surordination nous oblige à rattacher toute notre existence à Dieu comme à notre maître et à notre bienfaiteur souverain.

La valeur morale de tout homme dépend de
sa soumission plus ou moins exacte à ces
trois principes, c'est-à-dire, de son intention
actuelle, virtuelle ou habituelle, et nul autre
que Dieu ne connaît ce que vaut chacun de nous
sur ce point capital de qui dépend notre destinée.

Il est difficile à la raison humaine livrée à
elle-même de préciser les conditions de la vie
future, si l'épreuve doit être unique ou renou-
velée, si le bonheur et le malheur sont tempo-
raires ou éternels, avec ou sans mélange ; ni
même en quoi ils consistent pour l'âme et pour
le corps.

Tout ce qu'on peut dire, c'est qu'ils doivent
dépendre à la fois de l'exercice de nos facultés,
de nos mérites ici-bas et de la justice divine ;
mais que l'homme n'a point de droit naturel
à la connaissance ni à la possession intime de
Dieu. La foi seule enseigne que l'homme a une
vocation surnaturelle et jette de nouvelles
lumières, mêlées de tén es, sur notre origine, notre état actuel et notre haute destinée,
sujet mystérieux et sublime qui sort du cadre
où nous devons nous renfermer ici.

Il ne nous reste plus qu'à combattre et à
réfuter en quelques mots la théorie moderne connue sous le nom de morale indépendante, et qui
prétend établir la morale, soit sur la convenance,
soit sur l'intérêt social, mais en dehors de toute
religion naturelle ou positive, en dehors même
de la métaphysique ou des principes de la raison.

En droit et en fait, une pareille morale manque
de base ou d'autorité. En effet, si Dieu ne nous

commande point par la voix de la conscience ;
quelle est la valeur de cette convenance ou de
cet instinct combattu par tant d'autres instincts
contraires et non moins impérieux ? Où est la
sanction de cette loi sans législateur ? On l'a dit
avec raison : la morale indépendante de l'idée
de Dieu, c'est l'homme indépendant de la morale ;
ce ne sont plus des préceptes, mais des conseils
que l'homme dédaignera le plus souvent.

Il en est de même, à plus forte raison, des
esprits qui ne reconnaissent pas l'idée de devoir,
ou la liberté ou la vie future, ou même la spiri-
tualité de l'âme, et qui n'admettent qu'une sorte
de vérités et de réalités tangentes, sensibles,
matérielles. Ce sont des écoliers qu'il faut ren-
voyer à l'école de la philosophie et du sens commun ; quant aux athées, ignorants ou savants,
ce sont des enfants qui méconnaissent leur père.

Il y a aussi une opinion grossière, bien qu'assez
répandue, qui réduit toute la morale à la morale
sociale ou même à la justice négative, sans
devoir de perfectionnement personnel ou de
reconnaissance envers Dieu. C'est un préjugé
commode qu'on pourrait appeler la morale des
viveurs, des égoïstes et des malhonnêtes gens,
élevés, non dans la crainte de Dieu, mais dans
celle des sergents et des indigestions.

Il est une erreur encore plus monstrueuse,
quoiqu'elle soit celle de tout un parti ; c'est la
doctrine qui ne reconnaît d'autres droits que
ceux reconnus par l'État, et qui renferme tous les
devoirs dans la soumission aux lois votées par
la majorité.

C'est le jacobinisme ou despotisme de la foule, substitué au despotisme d'un seul ou au césarisme. C'est la négation impudente de la raison et des droits naturels, la prétention de décréter le bien et le mal, et d'asservir les âmes comme les corps, système immoral contre lequel protestera toujours la conscience de l'humanité.

Une nation qui subirait ce joug honteux de la force au nom du suffrage universel, serait une nation pourrie, qui n'aurait plus de raison d'être; ou plutôt, ce ne serait plus qu'un ramassis d'ilotes méprisables, et qui ne mériteraient plus le nom d'hommes, quand même ils s'appelleraient encore citoyens.

A ces idolâtres de l'Etat, il faut rappeler que la loi civile n'est pas la base, mais l'application de la loi morale, immuable et éternelle, que la société est faite, non pour définir, mais pour consacrer et défendre tous les droits naturels ; qu'elle n'est pour l'homme qu'un moyen et non le but de son existence, qu'il a sa destinée propre et immortelle, et qu'enfin, par sa nature raisonnable, sa vie de famille, sa foi religieuse, il a une dignité supérieure et un caractère presque sacré que tout gouvernement est tenu de respecter.

Beaucoup d'esprits et de cœurs trop distingués pour descendre aussi bas, sont néanmoins atteints par le scepticisme moral ou philosophique, suite du scepticisme religieux, et ont peine à comprendre tous les droits de la conscience morale. C'est pour eux que nous écrivons; nous voudrions, dans ce temps et ce pays de moralité énervée et de flottantes convictions, faire un appel au nom de la raison à ces âmes honnêtes mais malades.

Qu'elles voient si nos doctrines ne sont pas celles du genre humain ou du sens commun, et, si elles n'ont rien de sérieux à y opposer, qu'elles nous permettent de les exhorter à conformer leur conduite à leurs principes, et à répondre avec droiture et simplicité, disons mieux, avec docilité et soumission à la voix de Dieu, qui leur parle par la conscience, et dont la vraie philosophie ne doit être que l'écho.

Si de nos jours la loi morale, en théorie comme dans la pratique, a perdu de son empire, cela tient à des causes générales, le mépris de la tradition, la méconnaissance des lois de la raison ou de la conscience, enfin l'oubli des droits de Dieu et de l'épreuve à laquelle nous sommes soumis par sa providence.

Chacune de ces aberrations a elle-même des causes multiples et profondes. La tradition universellement admise autrefois, et souvent même sans examen, suffisait à guider les simples, parlant le même langage à l'église, au sein de la famille et dans la société. Son autorité s'est affaiblie par les hérésies, l'esprit d'indiscipline et les discordes politiques.

Les droits de la conscience se confondaient jadis avec les enseignements du catéchisme; ils se sont séparés depuis, au détriment des uns et des autres ; et peu d'hommes sont capables de les analyser et de les rétablir en euxmêmes, avec la supériorité qui leur appartient sur toutes nos autres idées, tous nos autres mobiles ou intérêts.

A la suite de l'incrédulité rationaliste, on a perdu la notion de la souveraineté de Dieu sur nous, et par suite celle de notre responsabilité et de la vie future, qui confirmait la voix de la conscience et qui est la clef de l'énigme de la vie et de la destinée.

Il faut l'avouer aussi, les progrès des sciences physiques et de l'industrie, de la critique historique, des sciences économiques et sociales, ont fait illusion à beaucoup d'esprits exclusifs ou superficiels qui ont confondu ce qui est éternel et nécessaire, dans la science antique, avec ce qui était contestable et contingent.

Enfin, la discordance et la confusion des doctrines ont produit le scepticisme, qui ne veut pas se donner la peine de discerner le vrai du faux, et qui trouve plus commode de tout rejeter.

Ou plutôt on ne rejette et l'on n'affirme rien absolument; excepté quelques énergumènes qui veulent détruire tout le passé, on trouve que dans tout il y a une part de vérité, que partout il faut en prendre et en laisser, et l'on vit sur une tolérance universelle qui ne coûte rien à l'indifférence et qui n'engage à rien dans la pratique.

En attendant tout périt autour de nous : les convictions et les devoirs, les caractères et les dévouements, les notions du vrai et celles du juste, l'esprit d'abnégation et de sacrifice, les liens de la famille et les élans du patriotisme, enfin tout ce qui donne du ressort à l'âme et de la dignité à l'existence.

Il faut donc travailler avec patience à rétablir les saines notions de la raison et du devoir, proclamer l'autorité de la conscience et les droits de Dieu, envisager la vie présente comme une épreuve et la vie future comme une nécessité, en un mot, rasseoir la morale sur les bases solides de la tradition et de la saine philosophie.

Dans le désarroi général des doctrines et des esprits, tout homme d'honneur et d'intelligence est tenu à deux choses également sacrées : la première, c'est de se faire une théorie précise de sa nature, de sa condition et de sa destinée et d'y conformer sa conduite ; la seconde, c'est de rappeler dans toute occasion et selon ses lumières, les vérités du sens commun et les droits de la conscience obscurcis chez le plus grand nombre.

Oui de nos jours, les âmes sont en danger, et le trouble de chacune d'elles amène le trouble social. Sauvons donc la morale, il y va du salut de la France et de la société ; il faut remonter le courant qui nous emporte dans l'abîme de la barbarie par l'immoralité. Aveugle qui ne voit pas notre décadence, et lâche qui ne cherche pas à l'arrêter.

Tout le mal vient de ce que rien n'est plus à sa place ; la raison au-dessus des instincts, le devoir au-dessus de l'intérêt, l'âme au-dessus du corps, la société au-dessus des individus et Dieu par-dessus tout. Rentrons dans l'ordre et tout sera sauvé !

Assurément, il ne faut rien dédaigner. Tout a

son prix, dans les travaux de l'esprit humain,
comme dans ceux de l'industrie; il faut des
soldats et des chefs, des laboureurs et des ma-
gistrats, des savants et des artisans. Honneur
à tout travail utile des mains ou de l'intelligence.

Mais dans cette estime de tout ce qui est vrai
et bon, il faut pourtant observer deux points
essentiels : le premier, c'est que tout n'est pas
sur la même ligne et qu'il y a des degrés dans
les vérités comme dans les occupations, non-
seulement quant à leur objet, mais quant à
ceux qui les servent.

Au premier rang, il faut mettre ce qui inté-
resse plus directement la société et les âmes :
la religion, la magistrature, l'éducation, l'armée,
la science, les arts, l'éducation ; puis la vie
humaine, la santé, l'alimentation et les besoins du
corps ; ensuite et au dernier rang les industries
de luxe et de fantaisie, qui coûtent plus qu'elles
ne valent. Cette hiérarchie n'empêche pas qu'un
paysan ne soit souvent meilleur qu'un magis-
trat, mais alors on doit distinguer la personne
de la fonction.

En second lieu, chacun de nous, outre sa
profession sociale, qui est comme son titre à
vivre dans la société, doit être avant tout un
homme moral, sachant d'où il vient et où il va,
ce qu'il doit faire ou éviter, le faisant et l'é-
vitant au moins par l'intention habituelle. En
un mot, il faut avoir un état et avoir autre chose
encore, car l'un sans l'autre est insuffisant à
un homme vraiment estimable et utile.

Si, comme on ne peut guère en douter, tout

4

le mal vient de la rupture ou de la séparation de
la philosophie et de la tradition religieuse,
domestique et sociale, qui les a affaiblies toutes
deux, au détriment de la moralité, le remède
est dans leur réunion, d'autant plus qu'avec des
méthodes différentes, elles s'accordent sur tous
les points essentiels sans jamais se contredire,
étant toutes deux l'écho de la vérité et de la
parole de Dieu.

Il faut donc, d'un côté, que l'enseignement religieux fasse appel à la raison pour justifier son
autorité et déduire les conséquences des vérités
révélées, et que, d'autre part, la philosophie
examine les titres de la révélation, s'aide de ses
lumières et se garde de la dédaigner ou de la
combattre.

Nous savons bien que ces sortes d'appel, au
nom d'intérêts généraux, ne sont guère entendus;
aussi, n'est-ce pas à des êtres abstraits que nous
nous adressons, c'est à chacun de nos lecteurs
en particulier, à ceux qui ont quelque loisir et
culture d'esprit. D'abord, au nom de leur intérêt
personnel le plus sérieux et le plus élevé, nous
les adjurons d'étudier les théories philosophi-
ques qui établissent la morale sur les principes
de la raison, c'est-à-dire sur la notion du devoir, sur l'existence de Dieu et sa souveraineté,
et sur la nécessité d'une vie future; et d'y join-
dre ce qu'on appelle la démonstration évangé-
lique.

Nous le répétons, quel que soit l'exemple
général, il n'est pas permis de n'avoir point de
conviction sur ce point; et tout homme de cœur

est tenu de chercher, s'il ne le sait pas, d'où il vient, où il va, ce qu'il doit faire ou éviter. En outre, on ne peut en conscience s'abstenir de tout devoir religieux, regarder le christianisme comme non-avenu ou même facultatif et bon à quelques-uns, ni le rejeter sans preuve; car outre qu'il est en possession, c'est une institution et un fait qu'on ne saurait supprimer en n'y pensant pas ou en faisant semblant de ne pas le voir.

En cela, nous ne croyons pas sortir de la discrétion convenable, ni blesser personne par une profession de foi formelle. Nous restons dans les limites de la science philosophique sans nous prononcer sur les croyances religieuses.

Sans doute le droit d'objurgation n'appartient qu'aux prêtres ; mais tous ont le devoir de soutenir la vérité, et la vérité c'est que nous périssons par la mollesse et le mensonge.

En bien des points et surtout en fait de doctrine et d'éducation, nous avons le superflu et nous manquons du nécessaire. On sait les mathématiques et l'on doute de l'immortalité de l'âme; on connait le fond des mers et l'on a perdu la notion de la Providence, les mœurs se sont adoucies et la moralité décline. En un mot, ce qui nous manque, et avec cela tout le reste, c'est la vertu.

Imprimerie coopérative de Reims, rue Pluche, 24, (par dél : N. Monce).

Original en couleur

NF Z 43-120-8

www.ingramcontent.com/pod-product-compliance
Lightning Source LLC
LaVergne TN
LVHW022159080426
835511LV00008B/1463